Meditación e Hipnosis par

Instrucciones de Self Hypnosis

Paso 1: justo antes de ir a la cama, y justo cuando te levantas, date la siguiente sugerencia: "Todos los días, en todos los sentidos, me vuelvo cada vez mejor".
Esta sugerencia debería ser la base, pero debes incorporar lo que sea que quieras cambiar sobre ti mismo. Por ejemplo: "Cada día, me siento mejor y mejor con mi alimentación", "No soy fumador", "Estoy controlando mi miedo / dolor" "Mi dolor / miedo es cada vez más pequeño". La oración debe ser positiva, simple, creíble, mensurable y tener una recompensa. También debería estar presente.

Una vez que hayas desarrollado cuál será tu oración. Dígale esa frase dos veces al día, 10 veces cada vez. Lo mejor es hacerlo por la mañana antes de su día, y al final de su día, pero si lo hizo en su automóvil también estaría bien. Cada vez que dices que la oración cuenta en tus dedos para que no pierdas la cuenta.

Hacer esto ayuda a establecer un patrón de hábitos. Hacer esto continuará reforzando lo que haces en la hipnosis y continuará reforzando los resultados positivos que deseas o estás recibiendo.

Paso 2: una vez al día, debes encontrar un lugar donde te puedas sentar y relajarte de 2 a 4 minutos.
1. Repita la oración que tiene para usted 3 veces.
2. Cuente hacia abajo de 3 a 1 respirando profundamente con cada conteo. Cuando inhalas, sosténlo por un momento. Cuando exhalas, sientes que estás completamente relajando tu cuerpo. Cuando llegas al 1, debes estar completamente relajado. Cada vez que lo haces te sentirás más y más relajado cada vez.
3. Cuente hacia abajo de 25 a 1 sintiéndose cada vez más relajado. Puede contar tan rápido como quiera, adentrándose cada vez más en la hipnosis con cada cuenta.

4. Cuando bajes a uno, déjate disfrutar lo relajado que te sientes.
5. Cuente una copia de seguridad de 1 a 3. ¡Y cuando llegue a 3 se sienta completamente despierto y renovado!

Debe realizar el Paso 2 durante aproximadamente 1 a 2 semanas antes de comenzar el paso 3. A partir de ese momento ya no tendrá que realizar el paso 2.

Paso 3: este paso es similar al paso 2. 1. Comenzarás tomando 3 grandes respiraciones profundas y sentirás que tu cuerpo se relaja completamente mientras exhalas. 2. Luego, en lugar de contar de 25 a 1, simplemente repite tu oración 3 veces. 3. Entonces imagínate actuando esta frase. También vea que recibe y experimenta las recompensas por hacer esto. Concéntrese en lo positivo que es para usted. 4. Cuente una copia de seguridad de 1 a 3. ¡Y cuando llegue a 3 se sienta completamente despierto y renovado! Debe hacer estos ejercicios hasta que sienta que está actuando inconscientemente la oración. Es importante continuar haciendo autohipnosis junto con sesiones de hipnosis para reforzar lo que se está haciendo en las sesiones.

Instrucciones de Self Hypnosis

Paso 1: justo antes de ir a la cama, y justo cuando te levantas, date la siguiente sugerencia: "Todos los días, en todos los sentidos, me vuelvo cada vez mejor".
Esta sugerencia debería ser la base, pero debes incorporar lo que sea que quieras cambiar sobre ti mismo. Por ejemplo: "Cada día, me siento mejor y mejor con mi alimentación", "No soy fumador", "Estoy controlando mi miedo / dolor" "Mi dolor / miedo es cada vez más pequeño". La oración debe ser positiva, simple, creíble, mensurable y tener una recompensa. También debería estar presente.

Una vez que hayas desarrollado cuál será tu oración. Dígale esa frase dos veces al día, 10 veces cada vez. Lo mejor es hacerlo por la mañana antes de su día, y al final de su día, pero si lo hizo en su automóvil también estaría bien. Cada vez que dices que la oración cuenta en tus dedos para que no pierdas la cuenta.

Hacer esto ayuda a establecer un patrón de hábitos. Hacer esto continuará reforzando lo que haces en la hipnosis y continuará reforzando los resultados positivos que deseas o estás recibiendo.

Paso 2: una vez al día, debes encontrar un lugar donde te puedas sentar y relajarte de 2 a 4 minutos.
1. Repita la oración que tiene para usted 3 veces.
2. Cuente hacia abajo de 3 a 1 respirando profundamente con cada conteo. Cuando inhalas, sosténlo por un momento. Cuando exhalas, sientes que estás completamente relajando tu cuerpo. Cuando llegas al 1, debes estar completamente relajado. Cada vez que lo haces te sentirás más y más relajado cada vez.
3. Cuente hacia abajo de 25 a 1 sintiéndose cada vez más relajado. Puede contar tan rápido como quiera, adentrándose cada vez más en la hipnosis con cada cuenta.
4. Cuando bajes a uno, déjate disfrutar lo relajado que te sientes.
5. Cuente una copia de seguridad de 1 a 3. ¡Y cuando llegue a 3 se sienta completamente despierto y renovado!

Debe realizar el Paso 2 durante aproximadamente 1 a 2 semanas antes de comenzar el paso 3. A partir de ese momento ya no tendrá que realizar el paso 2.

Paso 3: este paso es similar al paso 2. 1. Comenzarás tomando 3 grandes respiraciones profundas y sentirás que tu cuerpo se relaja completamente mientras exhalas. 2. Luego, en lugar de contar de 25 a 1, simplemente repite tu oración 3 veces. 3. Entonces imagínate actuando esta frase. También vea que recibe y experimenta las recompensas por hacer esto. Concéntrese en lo positivo que es para usted. 4. Cuente una copia de seguridad de 1 a 3. ¡Y cuando llegue a 3 se sienta completamente despierto y renovado! Debe hacer estos ejercicios hasta que sienta que está actuando inconscientemente la oración. Es importante continuar haciendo autohipnosis junto con sesiones de hipnosis para reforzar lo que se está haciendo en las sesiones.

Instrucciones de Self Hypnosis

Paso 1: justo antes de ir a la cama, y justo cuando te levantas, date la siguiente sugerencia: "Todos los días, en todos los sentidos, me vuelvo cada vez mejor".
Esta sugerencia debería ser la base, pero debes incorporar lo que sea que quieras cambiar sobre ti mismo. Por ejemplo: "Cada día, me siento mejor y mejor con mi alimentación", "No soy fumador", "Estoy controlando mi miedo / dolor" "Mi dolor / miedo es cada vez más pequeño". La oración debe ser positiva, simple, creíble, mensurable y tener una recompensa. También debería estar presente.

Una vez que hayas desarrollado cuál será tu oración. Dígale esa frase dos veces al día, 10 veces cada vez. Lo mejor es hacerlo por la mañana antes de su día, y al final de su día, pero si lo hizo en su automóvil también estaría bien. Cada vez que dices que la oración cuenta en tus dedos para que no pierdas la cuenta.

Hacer esto ayuda a establecer un patrón de hábitos. Hacer esto continuará reforzando lo que haces en la hipnosis y continuará reforzando los resultados positivos que deseas o estás recibiendo.

Paso 2: una vez al día, debes encontrar un lugar donde te puedas sentar y relajarte de 2 a 4 minutos.

1. Repita la oración que tiene para usted 3 veces.
2. Cuente hacia abajo de 3 a 1 respirando profundamente con cada conteo. Cuando inhalas, sosténlo por un momento. Cuando exhalas, sientes que estás completamente relajando tu cuerpo. Cuando llegas al 1, debes estar completamente relajado. Cada vez que lo haces te sentirás más y más relajado cada vez.
3. Cuente hacia abajo de 25 a 1 sintiéndose cada vez más relajado. Puede contar tan rápido como quiera, adentrándose cada vez más en la hipnosis con cada cuenta.
4. Cuando bajes a uno, déjate disfrutar lo relajado que te sientes.
5. Cuente una copia de seguridad de 1 a 3. ¡Y cuando llegue a 3 se sienta completamente despierto y renovado!

Debe realizar el Paso 2 durante aproximadamente 1 a 2 semanas antes de comenzar el paso 3. A partir de ese momento ya no tendrá que realizar el paso 2.

Paso 3: este paso es similar al paso 2. 1. Comenzarás tomando 3 grandes respiraciones profundas y sentirás que tu cuerpo se relaja completamente mientras exhalas. 2. Luego, en lugar de contar de 25 a 1, simplemente repite tu oración 3 veces. 3. Entonces imagínate actuando esta frase. También vea que recibe y experimenta las recompensas por hacer esto. Concéntrese en lo positivo que es para usted. 4. Cuente una copia de seguridad de 1 a 3. ¡Y cuando llegue a 3 se sienta completamente despierto y renovado! Debe hacer estos ejercicios hasta que sienta que está actuando inconscientemente la oración. Es importante continuar haciendo autohipnosis junto con sesiones de hipnosis para reforzar lo que se está haciendo en las sesiones.

Instrucciones de Self Hypnosis

Paso 1: justo antes de ir a la cama, y justo cuando te levantas, date la siguiente sugerencia: "Todos los días, en todos los sentidos, me vuelvo cada vez mejor".
Esta sugerencia debería ser la base, pero debes incorporar lo que sea que quieras cambiar sobre ti mismo. Por ejemplo: "Cada día, me siento mejor y mejor con mi alimentación", "No soy fumador", "Estoy controlando mi miedo / dolor" "Mi dolor / miedo es cada vez más pequeño". La oración debe ser positiva, simple, creíble, mensurable y tener una recompensa. También debería estar presente.

Una vez que hayas desarrollado cuál será tu oración. Dígale esa frase dos veces al día, 10 veces cada vez. Lo mejor es hacerlo por la mañana antes de su día, y al final de su día, pero si lo hizo en su automóvil también estaría bien. Cada vez que dices que la oración cuenta en tus dedos para que no pierdas la cuenta.

Hacer esto ayuda a establecer un patrón de hábitos. Hacer esto continuará reforzando lo que haces en la hipnosis y continuará reforzando los resultados positivos que deseas o estás recibiendo.

Paso 2: una vez al día, debes encontrar un lugar donde te puedas sentar y relajarte de 2 a 4 minutos.
1. Repita la oración que tiene para usted 3 veces.
2. Cuente hacia abajo de 3 a 1 respirando profundamente con cada conteo. Cuando inhalas, sosténlo por un momento. Cuando exhalas, sientes que estás completamente relajando tu cuerpo. Cuando llegas al 1, debes estar completamente relajado. Cada vez que lo haces te sentirás más y más relajado cada vez.
3. Cuente hacia abajo de 25 a 1 sintiéndose cada vez más relajado. Puede contar tan rápido como quiera, adentrándose cada vez más en la hipnosis con cada cuenta.
4. Cuando bajes a uno, déjate disfrutar lo relajado que te sientes.
5. Cuente una copia de seguridad de 1 a 3. ¡Y cuando llegue a 3 se sienta completamente despierto y renovado!

Debe realizar el Paso 2 durante aproximadamente 1 a 2 semanas antes de comenzar el paso 3. A partir de ese momento ya no tendrá que realizar el paso 2.

Paso 3: este paso es similar al paso 2. 1. Comenzarás tomando 3 grandes respiraciones profundas y sentirás que tu cuerpo se relaja completamente mientras exhalas. 2. Luego, en lugar de contar de 25 a 1, simplemente repite tu oración 3 veces. 3. Entonces imagínate actuando esta frase. También vea que recibe y experimenta las recompensas por hacer esto. Concéntrese en lo positivo que es para usted. 4. Cuente una copia de seguridad de 1 a 3. ¡Y cuando llegue a 3 se sienta completamente despierto y renovado! Debe hacer estos ejercicios hasta que sienta que está actuando inconscientemente la oración. Es importante continuar haciendo autohipnosis junto con sesiones de hipnosis para reforzar lo que se está haciendo en las sesiones.

Instrucciones de Self Hypnosis

Paso 1: justo antes de ir a la cama, y justo cuando te levantas, date la siguiente sugerencia: "Todos los días, en todos los sentidos, me vuelvo cada vez mejor".
Esta sugerencia debería ser la base, pero debes incorporar lo que sea que quieras cambiar sobre ti mismo. Por ejemplo: "Cada día, me siento mejor y mejor con mi alimentación", "No soy fumador", "Estoy controlando mi miedo / dolor" "Mi dolor / miedo es cada vez más pequeño". La oración debe ser positiva, simple, creíble, mensurable y tener una recompensa. También debería estar presente.

Una vez que hayas desarrollado cuál será tu oración. Dígale esa frase dos veces al día, 10 veces cada vez. Lo mejor es hacerlo por la mañana antes de su día, y al final de su día, pero si lo hizo en su automóvil también estaría bien. Cada vez que dices que la oración cuenta en tus dedos para que no pierdas la cuenta.

Hacer esto ayuda a establecer un patrón de hábitos. Hacer esto continuará reforzando lo que haces en la hipnosis y continuará reforzando los resultados positivos que deseas o estás recibiendo.

Paso 2: una vez al día, debes encontrar un lugar donde te puedas sentar y relajarte de 2 a 4 minutos.
1. Repita la oración que tiene para usted 3 veces.
2. Cuente hacia abajo de 3 a 1 respirando profundamente con cada conteo. Cuando inhalas, sosténlo por un momento. Cuando exhalas, sientes que estás completamente relajando tu cuerpo. Cuando llegas al 1, debes estar completamente relajado. Cada vez que lo haces te sentirás más y más relajado cada vez.
3. Cuente hacia abajo de 25 a 1 sintiéndose cada vez más relajado. Puede contar tan rápido como quiera, adentrándose cada vez más en la hipnosis con cada cuenta.
4. Cuando bajes a uno, déjate disfrutar lo relajado que te sientes.
5. Cuente una copia de seguridad de 1 a 3. ¡Y cuando llegue a 3 se sienta completamente despierto y renovado!

Debe realizar el Paso 2 durante aproximadamente 1 a 2 semanas antes de comenzar el paso 3. A partir de ese momento ya no tendrá que realizar el paso 2.

Paso 3: este paso es similar al paso 2. 1. Comenzarás tomando 3 grandes respiraciones profundas y sentirás que tu cuerpo se relaja completamente mientras exhalas. 2. Luego, en lugar de contar de 25 a 1, simplemente repite tu oración 3 veces. 3. Entonces imagínate actuando esta frase. También vea que recibe y experimenta las recompensas por hacer esto. Concéntrese en lo positivo que es para usted. 4. Cuente una copia de seguridad de 1 a 3. ¡Y cuando llegue a 3 se sienta completamente despierto y renovado! Debe hacer estos ejercicios hasta que sienta que está actuando inconscientemente la oración. Es importante continuar haciendo autohipnosis junto con sesiones de hipnosis para reforzar lo que se está haciendo en las sesiones.

Instrucciones de Self Hypnosis

Paso 1: justo antes de ir a la cama, y justo cuando te levantas, date la siguiente sugerencia: "Todos los días, en todos los sentidos, me vuelvo cada vez mejor".
Esta sugerencia debería ser la base, pero debes incorporar lo que sea que quieras cambiar sobre ti mismo. Por ejemplo: "Cada día, me siento mejor y mejor con mi alimentación", "No soy fumador", "Estoy controlando mi miedo / dolor" "Mi dolor / miedo es cada vez más pequeño". La oración debe ser positiva, simple, creíble, mensurable y tener una recompensa. También debería estar presente.

Una vez que hayas desarrollado cuál será tu oración. Dígale esa frase dos veces al día, 10 veces cada vez. Lo mejor es hacerlo por la mañana antes de su día, y al final de su día, pero si lo hizo en su automóvil también estaría bien. Cada vez que dices que la oración cuenta en tus dedos para que no pierdas la cuenta.

Hacer esto ayuda a establecer un patrón de hábitos. Hacer esto continuará reforzando lo que haces en la hipnosis y continuará reforzando los resultados positivos que deseas o estás recibiendo.

Paso 2: una vez al día, debes encontrar un lugar donde te puedas sentar y relajarte de 2 a 4 minutos.
1. Repita la oración que tiene para usted 3 veces.
2. Cuente hacia abajo de 3 a 1 respirando profundamente con cada conteo. Cuando inhalas, sosténlo por un momento. Cuando exhalas, sientes que estás completamente relajando tu cuerpo. Cuando llegas al 1, debes estar completamente relajado. Cada vez que lo haces te sentirás más y más relajado cada vez.
3. Cuente hacia abajo de 25 a 1 sintiéndose cada vez más relajado. Puede contar tan rápido como quiera, adentrándose cada vez más en la hipnosis con cada cuenta.
4. Cuando bajes a uno, déjate disfrutar lo relajado que te sientes.

5. Cuente una copia de seguridad de 1 a 3. ¡Y cuando llegue a 3 se sienta completamente despierto y renovado!

Debe realizar el Paso 2 durante aproximadamente 1 a 2 semanas antes de comenzar el paso 3. A partir de ese momento ya no tendrá que realizar el paso 2.

Paso 3: este paso es similar al paso 2. 1. Comenzarás tomando 3 grandes respiraciones profundas y sentirás que tu cuerpo se relaja completamente mientras exhalas. 2. Luego, en lugar de contar de 25 a 1, simplemente repite tu oración 3 veces. 3. Entonces imagínate actuando esta frase. También vea que recibe y experimenta las recompensas por hacer esto. Concéntrese en lo positivo que es para usted. 4. Cuente una copia de seguridad de 1 a 3. ¡Y cuando llegue a 3 se sienta completamente despierto y renovado! Debe hacer estos ejercicios hasta que sienta que está actuando inconscientemente la oración. Es importante continuar haciendo autohipnosis junto con sesiones de hipnosis para reforzar lo que se está haciendo en las sesiones.

Instrucciones de Self Hypnosis

Paso 1: justo antes de ir a la cama, y justo cuando te levantas, date la siguiente sugerencia: "Todos los días, en todos los sentidos, me vuelvo cada vez mejor".
Esta sugerencia debería ser la base, pero debes incorporar lo que sea que quieras cambiar sobre ti mismo. Por ejemplo: "Cada día, me siento mejor y mejor con mi alimentación", "No soy fumador", "Estoy controlando mi miedo / dolor" "Mi dolor / miedo es cada vez más pequeño". La oración debe ser positiva, simple, creíble, mensurable y tener una recompensa. También debería estar presente.

Una vez que hayas desarrollado cuál será tu oración. Dígale esa frase dos veces al día, 10 veces cada vez. Lo mejor es hacerlo por la mañana antes de su día, y al final de su día, pero si lo hizo en su automóvil también estaría bien. Cada vez

que dices que la oración cuenta en tus dedos para que no pierdas la cuenta.

Hacer esto ayuda a establecer un patrón de hábitos. Hacer esto continuará reforzando lo que haces en la hipnosis y continuará reforzando los resultados positivos que deseas o estás recibiendo.

Paso 2: una vez al día, debes encontrar un lugar donde te puedas sentar y relajarte de 2 a 4 minutos.
1. Repita la oración que tiene para usted 3 veces.
2. Cuente hacia abajo de 3 a 1 respirando profundamente con cada conteo. Cuando inhalas, sosténlo por un momento. Cuando exhalas, sientes que estás completamente relajando tu cuerpo. Cuando llegas al 1, debes estar completamente relajado. Cada vez que lo haces te sentirás más y más relajado cada vez.
3. Cuente hacia abajo de 25 a 1 sintiéndose cada vez más relajado. Puede contar tan rápido como quiera, adentrándose cada vez más en la hipnosis con cada cuenta.
4. Cuando bajes a uno, déjate disfrutar lo relajado que te sientes.
5. Cuente una copia de seguridad de 1 a 3. ¡Y cuando llegue a 3 se sienta completamente despierto y renovado!

Debe realizar el Paso 2 durante aproximadamente 1 a 2 semanas antes de comenzar el paso 3. A partir de ese momento ya no tendrá que realizar el paso 2.

Paso 3: este paso es similar al paso 2. 1. Comenzarás tomando 3 grandes respiraciones profundas y sentirás que tu cuerpo se relaja completamente mientras exhalas. 2. Luego, en lugar de contar de 25 a 1, simplemente repite tu oración 3 veces. 3. Entonces imagínate actuando esta frase. También vea que recibe y experimenta las recompensas por hacer esto. Concéntrese en lo positivo que es para usted. 4. Cuente una copia de seguridad de 1 a 3. ¡Y cuando llegue a 3 se sienta completamente despierto y renovado! Debe hacer estos ejercicios hasta que sienta que está actuando inconscientemente la oración. Es importante continuar haciendo autohipnosis junto con sesiones de hipnosis para reforzar lo que se está haciendo en las sesiones.

Instrucciones de Self Hypnosis

Paso 1: justo antes de ir a la cama, y justo cuando te levantas, date la siguiente sugerencia: "Todos los días, en todos los sentidos, me vuelvo cada vez mejor".
Esta sugerencia debería ser la base, pero debes incorporar lo que sea que quieras cambiar sobre ti mismo. Por ejemplo: "Cada día, me siento mejor y mejor con mi alimentación", "No soy fumador", "Estoy controlando mi miedo / dolor" "Mi dolor / miedo es cada vez más pequeño". La oración debe ser positiva, simple, creíble, mensurable y tener una recompensa. También debería estar presente.

Una vez que hayas desarrollado cuál será tu oración. Dígale esa frase dos veces al día, 10 veces cada vez. Lo mejor es hacerlo por la mañana antes de su día, y al final de su día, pero si lo hizo en su automóvil también estaría bien. Cada vez que dices que la oración cuenta en tus dedos para que no pierdas la cuenta.

Hacer esto ayuda a establecer un patrón de hábitos. Hacer esto continuará reforzando lo que haces en la hipnosis y continuará reforzando los resultados positivos que deseas o estás recibiendo.

Paso 2: una vez al día, debes encontrar un lugar donde te puedas sentar y relajarte de 2 a 4 minutos.
1. Repita la oración que tiene para usted 3 veces.
2. Cuente hacia abajo de 3 a 1 respirando profundamente con cada conteo. Cuando inhalas, sosténlo por un momento. Cuando exhalas, sientes que estás completamente relajando tu cuerpo. Cuando llegas al 1, debes estar completamente relajado. Cada vez que lo haces te sentirás más y más relajado cada vez.
3. Cuente hacia abajo de 25 a 1 sintiéndose cada vez más relajado. Puede contar tan rápido como quiera, adentrándose cada vez más en la hipnosis con cada cuenta.
4. Cuando bajes a uno, déjate disfrutar lo relajado que te sientes.
5. Cuente una copia de seguridad de 1 a 3. ¡Y cuando llegue a 3 se sienta completamente despierto y renovado!

Debe realizar el Paso 2 durante aproximadamente 1 a 2 semanas antes de comenzar el paso 3. A partir de ese momento ya no tendrá que realizar el paso 2.

Paso 3: este paso es similar al paso 2. 1. Comenzarás tomando 3 grandes respiraciones profundas y sentirás que tu cuerpo se relaja completamente mientras exhalas. 2. Luego, en lugar de contar de 25 a 1, simplemente repite tu oración 3 veces. 3. Entonces imagínate actuando esta frase. También vea que recibe y experimenta las recompensas por hacer esto. Concéntrese en lo positivo que es para usted. 4. Cuente una copia de seguridad de 1 a 3. ¡Y cuando llegue a 3 se sienta completamente despierto y renovado! Debe hacer estos ejercicios hasta que sienta que está actuando inconscientemente la oración. Es importante continuar haciendo autohipnosis junto con sesiones de hipnosis para reforzar lo que se está haciendo en las sesiones.

Instrucciones de Self Hypnosis

Paso 1: justo antes de ir a la cama, y justo cuando te levantas, date la siguiente sugerencia: "Todos los días, en todos los sentidos, me vuelvo cada vez mejor".
Esta sugerencia debería ser la base, pero debes incorporar lo que sea que quieras cambiar sobre ti mismo. Por ejemplo: "Cada día, me siento mejor y mejor con mi alimentación", "No soy fumador", "Estoy controlando mi miedo / dolor" "Mi dolor / miedo es cada vez más pequeño". La oración debe ser positiva, simple, creíble, mensurable y tener una recompensa. También debería estar presente.

Una vez que hayas desarrollado cuál será tu oración. Dígale esa frase dos veces al día, 10 veces cada vez. Lo mejor es hacerlo por la mañana antes de su día, y al final de su día, pero si lo hizo en su automóvil también estaría bien. Cada vez que dices que la oración cuenta en tus dedos para que no pierdas la cuenta.

Hacer esto ayuda a establecer un patrón de hábitos. Hacer esto continuará reforzando lo que haces en la hipnosis y continuará reforzando los resultados positivos que deseas o estás recibiendo.

Paso 2: una vez al día, debes encontrar un lugar donde te puedas sentar y relajarte de 2 a 4 minutos.
1. Repita la oración que tiene para usted 3 veces.
2. Cuente hacia abajo de 3 a 1 respirando profundamente con cada conteo. Cuando inhalas, sosténlo por un momento. Cuando exhalas, sientes que estás completamente relajando tu cuerpo. Cuando llegas al 1, debes estar completamente relajado. Cada vez que lo haces te sentirás más y más relajado cada vez.
3. Cuente hacia abajo de 25 a 1 sintiéndose cada vez más relajado. Puede contar tan rápido como quiera, adentrándose cada vez más en la hipnosis con cada cuenta.
4. Cuando bajes a uno, déjate disfrutar lo relajado que te sientes.
5. Cuente una copia de seguridad de 1 a 3. ¡Y cuando llegue a 3 se sienta completamente despierto y renovado!

Debe realizar el Paso 2 durante aproximadamente 1 a 2 semanas antes de comenzar el paso 3. A partir de ese momento ya no tendrá que realizar el paso 2.

Paso 3: este paso es similar al paso 2. 1. Comenzarás tomando 3 grandes respiraciones profundas y sentirás que tu cuerpo se relaja completamente mientras exhalas. 2. Luego, en lugar de contar de 25 a 1, simplemente repite tu oración 3 veces. 3. Entonces imagínate actuando esta frase. También vea que recibe y experimenta las recompensas por hacer esto. Concéntrese en lo positivo que es para usted. 4. Cuente una copia de seguridad de 1 a 3. ¡Y cuando llegue a 3 se sienta completamente despierto y renovado! Debe hacer estos ejercicios hasta que sienta que está actuando inconscientemente la oración. Es importante continuar haciendo autohipnosis junto con sesiones de hipnosis para reforzar lo que se está haciendo en las sesiones.

Instrucciones de Self Hypnosis

Paso 1: justo antes de ir a la cama, y justo cuando te levantas, date la siguiente sugerencia: "Todos los días, en todos los sentidos, me vuelvo cada vez mejor".
Esta sugerencia debería ser la base, pero debes incorporar lo que sea que quieras cambiar sobre ti mismo. Por ejemplo: "Cada día, me siento mejor y mejor con mi alimentación", "No soy fumador", "Estoy controlando mi miedo / dolor" "Mi dolor / miedo es cada vez más pequeño". La oración debe ser positiva, simple, creíble, mensurable y tener una recompensa. También debería estar presente.

Una vez que hayas desarrollado cuál será tu oración. Dígale esa frase dos veces al día, 10 veces cada vez. Lo mejor es hacerlo por la mañana antes de su día, y al final de su día, pero si lo hizo en su automóvil también estaría bien. Cada vez que dices que la oración cuenta en tus dedos para que no pierdas la cuenta.

Hacer esto ayuda a establecer un patrón de hábitos. Hacer esto continuará reforzando lo que haces en la hipnosis y continuará reforzando los resultados positivos que deseas o estás recibiendo.

Paso 2: una vez al día, debes encontrar un lugar donde te puedas sentar y relajarte de 2 a 4 minutos.
1. Repita la oración que tiene para usted 3 veces.
2. Cuente hacia abajo de 3 a 1 respirando profundamente con cada conteo. Cuando inhalas, sosténlo por un momento. Cuando exhalas, sientes que estás completamente relajando tu cuerpo. Cuando llegas al 1, debes estar completamente relajado. Cada vez que lo haces te sentirás más y más relajado cada vez.
3. Cuente hacia abajo de 25 a 1 sintiéndose cada vez más relajado. Puede contar tan rápido como quiera, adentrándose cada vez más en la hipnosis con cada cuenta.
4. Cuando bajes a uno, déjate disfrutar lo relajado que te sientes.
5. Cuente una copia de seguridad de 1 a 3. ¡Y cuando llegue a 3 se sienta completamente despierto y renovado!

Debe realizar el Paso 2 durante aproximadamente 1 a 2 semanas antes de comenzar el paso 3. A partir de ese momento ya no tendrá que realizar el paso 2.

Paso 3: este paso es similar al paso 2. 1. Comenzarás tomando 3 grandes respiraciones profundas y sentirás que tu cuerpo se relaja completamente mientras exhalas. 2. Luego, en lugar de contar de 25 a 1, simplemente repite tu oración 3 veces. 3. Entonces imagínate actuando esta frase. También vea que recibe y experimenta las recompensas por hacer esto. Concéntrese en lo positivo que es para usted. 4. Cuente una copia de seguridad de 1 a 3. ¡Y cuando llegue a 3 se sienta completamente despierto y renovado! Debe hacer estos ejercicios hasta que sienta que está actuando inconscientemente la oración. Es importante continuar haciendo autohipnosis junto con sesiones de hipnosis para reforzar lo que se está haciendo en las sesiones.

Instrucciones de Self Hypnosis

Paso 1: justo antes de ir a la cama, y justo cuando te levantas, date la siguiente sugerencia: "Todos los días, en todos los sentidos, me vuelvo cada vez mejor".
Esta sugerencia debería ser la base, pero debes incorporar lo que sea que quieras cambiar sobre ti mismo. Por ejemplo: "Cada día, me siento mejor y mejor con mi alimentación", "No soy fumador", "Estoy controlando mi miedo / dolor" "Mi dolor / miedo es cada vez más pequeño". La oración debe ser positiva, simple, creíble, mensurable y tener una recompensa. También debería estar presente.

Una vez que hayas desarrollado cuál será tu oración. Dígale esa frase dos veces al día, 10 veces cada vez. Lo mejor es hacerlo por la mañana antes de su día, y al final de su día, pero si lo hizo en su automóvil también estaría bien. Cada vez que dices que la oración cuenta en tus dedos para que no pierdas la cuenta.

Hacer esto ayuda a establecer un patrón de hábitos. Hacer esto continuará reforzando lo que haces en la hipnosis y continuará reforzando los resultados positivos que deseas o estás recibiendo.

Paso 2: una vez al día, debes encontrar un lugar donde te puedas sentar y relajarte de 2 a 4 minutos.
1. Repita la oración que tiene para usted 3 veces.
2. Cuente hacia abajo de 3 a 1 respirando profundamente con cada conteo. Cuando inhalas, sosténlo por un momento. Cuando exhalas, sientes que estás completamente relajando tu cuerpo. Cuando llegas al 1, debes estar completamente relajado. Cada vez que lo haces te sentirás más y más relajado cada vez.
3. Cuente hacia abajo de 25 a 1 sintiéndose cada vez más relajado. Puede contar tan rápido como quiera, adentrándose cada vez más en la hipnosis con cada cuenta.
4. Cuando bajes a uno, déjate disfrutar lo relajado que te sientes.

5. Cuente una copia de seguridad de 1 a 3. ¡Y cuando llegue a 3 se sienta completamente despierto y renovado!

Debe realizar el Paso 2 durante aproximadamente 1 a 2 semanas antes de comenzar el paso 3. A partir de ese momento ya no tendrá que realizar el paso 2.

Paso 3: este paso es similar al paso 2. 1. Comenzarás tomando 3 grandes respiraciones profundas y sentirás que tu cuerpo se relaja completamente mientras exhalas. 2. Luego, en lugar de contar de 25 a 1, simplemente repite tu oración 3 veces. 3. Entonces imagínate actuando esta frase. También vea que recibe y experimenta las recompensas por hacer esto. Concéntrese en lo positivo que es para usted. 4. Cuente una copia de seguridad de 1 a 3. ¡Y cuando llegue a 3 se sienta completamente despierto y renovado! Debe hacer estos ejercicios hasta que sienta que está actuando inconscientemente la oración. Es importante continuar haciendo autohipnosis junto con sesiones de hipnosis para reforzar lo que se está haciendo en las sesiones.

Instrucciones de Self Hypnosis

Paso 1: justo antes de ir a la cama, y justo cuando te levantas, date la siguiente sugerencia: "Todos los días, en todos los sentidos, me vuelvo cada vez mejor".
Esta sugerencia debería ser la base, pero debes incorporar lo que sea que quieras cambiar sobre ti mismo. Por ejemplo: "Cada día, me siento mejor y mejor con mi alimentación", "No soy fumador", "Estoy controlando mi miedo / dolor" "Mi dolor / miedo es cada vez más pequeño". La oración debe ser positiva, simple, creíble, mensurable y tener una recompensa. También debería estar presente.

Una vez que hayas desarrollado cuál será tu oración. Dígale esa frase dos veces al día, 10 veces cada vez. Lo mejor es hacerlo por la mañana antes de su día, y al final de su día, pero si lo hizo en su automóvil también estaría bien. Cada vez

que dices que la oración cuenta en tus dedos para que no pierdas la cuenta.

Hacer esto ayuda a establecer un patrón de hábitos. Hacer esto continuará reforzando lo que haces en la hipnosis y continuará reforzando los resultados positivos que deseas o estás recibiendo.

Paso 2: una vez al día, debes encontrar un lugar donde te puedas sentar y relajarte de 2 a 4 minutos.
1. Repita la oración que tiene para usted 3 veces.
2. Cuente hacia abajo de 3 a 1 respirando profundamente con cada conteo. Cuando inhalas, sosténlo por un momento. Cuando exhalas, sientes que estás completamente relajando tu cuerpo. Cuando llegas al 1, debes estar completamente relajado. Cada vez que lo haces te sentirás más y más relajado cada vez.
3. Cuente hacia abajo de 25 a 1 sintiéndose cada vez más relajado. Puede contar tan rápido como quiera, adentrándose cada vez más en la hipnosis con cada cuenta.
4. Cuando bajes a uno, déjate disfrutar lo relajado que te sientes.
5. Cuente una copia de seguridad de 1 a 3. ¡Y cuando llegue a 3 se sienta completamente despierto y renovado!

Debe realizar el Paso 2 durante aproximadamente 1 a 2 semanas antes de comenzar el paso 3. A partir de ese momento ya no tendrá que realizar el paso 2.

Paso 3: este paso es similar al paso 2. 1. Comenzarás tomando 3 grandes respiraciones profundas y sentirás que tu cuerpo se relaja completamente mientras exhalas. 2. Luego, en lugar de contar de 25 a 1, simplemente repite tu oración 3 veces. 3. Entonces imagínate actuando esta frase. También vea que recibe y experimenta las recompensas por hacer esto. Concéntrese en lo positivo que es para usted. 4. Cuente una copia de seguridad de 1 a 3. ¡Y cuando llegue a 3 se sienta completamente despierto y renovado! Debe hacer estos ejercicios hasta que sienta que está actuando inconscientemente la oración. Es importante continuar haciendo autohipnosis junto con sesiones de hipnosis para reforzar lo que se está haciendo en las sesiones.

Instrucciones de Self Hypnosis

Paso 1: justo antes de ir a la cama, y justo cuando te levantas, date la siguiente sugerencia: "Todos los días, en todos los sentidos, me vuelvo cada vez mejor".
Esta sugerencia debería ser la base, pero debes incorporar lo que sea que quieras cambiar sobre ti mismo. Por ejemplo: "Cada día, me siento mejor y mejor con mi alimentación", "No soy fumador", "Estoy controlando mi miedo / dolor" "Mi dolor / miedo es cada vez más pequeño". La oración debe ser positiva, simple, creíble, mensurable y tener una recompensa. También debería estar presente.

Una vez que hayas desarrollado cuál será tu oración. Dígale esa frase dos veces al día, 10 veces cada vez. Lo mejor es hacerlo por la mañana antes de su día, y al final de su día, pero si lo hizo en su automóvil también estaría bien. Cada vez que dices que la oración cuenta en tus dedos para que no pierdas la cuenta.

Hacer esto ayuda a establecer un patrón de hábitos. Hacer esto continuará reforzando lo que haces en la hipnosis y continuará reforzando los resultados positivos que deseas o estás recibiendo.

Paso 2: una vez al día, debes encontrar un lugar donde te puedas sentar y relajarte de 2 a 4 minutos.
1. Repita la oración que tiene para usted 3 veces.
2. Cuente hacia abajo de 3 a 1 respirando profundamente con cada conteo. Cuando inhalas, sosténlo por un momento. Cuando exhalas, sientes que estás completamente relajando tu cuerpo. Cuando llegas al 1, debes estar completamente relajado. Cada vez que lo haces te sentirás más y más relajado cada vez.
3. Cuente hacia abajo de 25 a 1 sintiéndose cada vez más relajado. Puede contar tan rápido como quiera, adentrándose cada vez más en la hipnosis con cada cuenta.
4. Cuando bajes a uno, déjate disfrutar lo relajado que te sientes.
5. Cuente una copia de seguridad de 1 a 3. ¡Y cuando llegue a 3 se sienta completamente despierto y renovado!

Debe realizar el Paso 2 durante aproximadamente 1 a 2 semanas antes de comenzar el paso 3. A partir de ese momento ya no tendrá que realizar el paso 2.

Paso 3: este paso es similar al paso 2. 1. Comenzarás tomando 3 grandes respiraciones profundas y sentirás que tu cuerpo se relaja completamente mientras exhalas. 2. Luego, en lugar de contar de 25 a 1, simplemente repite tu oración 3 veces. 3. Entonces imagínate actuando esta frase. También vea que recibe y experimenta las recompensas por hacer esto. Concéntrese en lo positivo que es para usted. 4. Cuente una copia de seguridad de 1 a 3. ¡Y cuando llegue a 3 se sienta completamente despierto y renovado! Debe hacer estos ejercicios hasta que sienta que está actuando inconscientemente la oración. Es importante continuar haciendo autohipnosis junto con sesiones de hipnosis para reforzar lo que se está haciendo en las sesiones.

Instrucciones de Self Hypnosis

Paso 1: justo antes de ir a la cama, y justo cuando te levantas, date la siguiente sugerencia: "Todos los días, en todos los sentidos, me vuelvo cada vez mejor".
Esta sugerencia debería ser la base, pero debes incorporar lo que sea que quieras cambiar sobre ti mismo. Por ejemplo: "Cada día, me siento mejor y mejor con mi alimentación", "No soy fumador", "Estoy controlando mi miedo / dolor" "Mi dolor / miedo es cada vez más pequeño". La oración debe ser positiva, simple, creíble, mensurable y tener una recompensa. También debería estar presente.

Una vez que hayas desarrollado cuál será tu oración. Dígale esa frase dos veces al día, 10 veces cada vez. Lo mejor es hacerlo por la mañana antes de su día, y al final de su día, pero si lo hizo en su automóvil también estaría bien. Cada vez que dices que la oración cuenta en tus dedos para que no pierdas la cuenta.

Hacer esto ayuda a establecer un patrón de hábitos. Hacer esto continuará reforzando lo que haces en la hipnosis y continuará reforzando los resultados positivos que deseas o estás recibiendo.

Paso 2: una vez al día, debes encontrar un lugar donde te puedas sentar y relajarte de 2 a 4 minutos.
1. Repita la oración que tiene para usted 3 veces.
2. Cuente hacia abajo de 3 a 1 respirando profundamente con cada conteo. Cuando inhalas, sosténlo por un momento. Cuando exhalas, sientes que estás completamente relajando tu cuerpo. Cuando llegas al 1, debes estar completamente relajado. Cada vez que lo haces te sentirás más y más relajado cada vez.
3. Cuente hacia abajo de 25 a 1 sintiéndose cada vez más relajado. Puede contar tan rápido como quiera, adentrándose cada vez más en la hipnosis con cada cuenta.
4. Cuando bajes a uno, déjate disfrutar lo relajado que te sientes.
5. Cuente una copia de seguridad de 1 a 3. ¡Y cuando llegue a 3 se sienta completamente despierto y renovado!

Debe realizar el Paso 2 durante aproximadamente 1 a 2 semanas antes de comenzar el paso 3. A partir de ese momento ya no tendrá que realizar el paso 2.

Paso 3: este paso es similar al paso 2. 1. Comenzarás tomando 3 grandes respiraciones profundas y sentirás que tu cuerpo se relaja completamente mientras exhalas. 2. Luego, en lugar de contar de 25 a 1, simplemente repite tu oración 3 veces. 3. Entonces imagínate actuando esta frase. También vea que recibe y experimenta las recompensas por hacer esto. Concéntrese en lo positivo que es para usted. 4. Cuente una copia de seguridad de 1 a 3. ¡Y cuando llegue a 3 se sienta completamente despierto y renovado! Debe hacer estos ejercicios hasta que sienta que está actuando inconscientemente la oración. Es importante continuar haciendo autohipnosis junto con sesiones de hipnosis para reforzar lo que se está haciendo en las sesiones.

Instrucciones de Self Hypnosis

Paso 1: justo antes de ir a la cama, y justo cuando te levantas, date la siguiente sugerencia: "Todos los días, en todos los sentidos, me vuelvo cada vez mejor".
Esta sugerencia debería ser la base, pero debes incorporar lo que sea que quieras cambiar sobre ti mismo. Por ejemplo: "Cada día, me siento mejor y mejor con mi alimentación", "No soy fumador", "Estoy controlando mi miedo / dolor" "Mi dolor / miedo es cada vez más pequeño". La oración debe ser positiva, simple, creíble, mensurable y tener una recompensa. También debería estar presente.

Una vez que hayas desarrollado cuál será tu oración. Dígale esa frase dos veces al día, 10 veces cada vez. Lo mejor es hacerlo por la mañana antes de su día, y al final de su día, pero si lo hizo en su automóvil también estaría bien. Cada vez que dices que la oración cuenta en tus dedos para que no pierdas la cuenta.

Hacer esto ayuda a establecer un patrón de hábitos. Hacer esto continuará reforzando lo que haces en la hipnosis y continuará reforzando los resultados positivos que deseas o estás recibiendo.

Paso 2: una vez al día, debes encontrar un lugar donde te puedas sentar y relajarte de 2 a 4 minutos.
1. Repita la oración que tiene para usted 3 veces.
2. Cuente hacia abajo de 3 a 1 respirando profundamente con cada conteo. Cuando inhalas, sosténlo por un momento. Cuando exhalas, sientes que estás completamente relajando tu cuerpo. Cuando llegas al 1, debes estar completamente relajado. Cada vez que lo haces te sentirás más y más relajado cada vez.
3. Cuente hacia abajo de 25 a 1 sintiéndose cada vez más relajado. Puede contar tan rápido como quiera, adentrándose cada vez más en la hipnosis con cada cuenta.
4. Cuando bajes a uno, déjate disfrutar lo relajado que te sientes.
5. Cuente una copia de seguridad de 1 a 3. ¡Y cuando llegue a 3 se sienta completamente despierto y renovado!

Debe realizar el Paso 2 durante aproximadamente 1 a 2 semanas antes de comenzar el paso 3. A partir de ese momento ya no tendrá que realizar el paso 2.

Paso 3: este paso es similar al paso 2. 1. Comenzarás tomando 3 grandes respiraciones profundas y sentirás que tu cuerpo se relaja completamente mientras exhalas. 2. Luego, en lugar de contar de 25 a 1, simplemente repite tu oración 3 veces. 3. Entonces imagínate actuando esta frase. También vea que recibe y experimenta las recompensas por hacer esto. Concéntrese en lo positivo que es para usted. 4. Cuente una copia de seguridad de 1 a 3. ¡Y cuando llegue a 3 se sienta completamente despierto y renovado! Debe hacer estos ejercicios hasta que sienta que está actuando inconscientemente la oración. Es importante continuar haciendo autohipnosis junto con sesiones de hipnosis para reforzar lo que se está haciendo en las sesiones.

Instrucciones de Self Hypnosis

Paso 1: justo antes de ir a la cama, y justo cuando te levantas, date la siguiente sugerencia: "Todos los días, en todos los sentidos, me vuelvo cada vez mejor".
Esta sugerencia debería ser la base, pero debes incorporar lo que sea que quieras cambiar sobre ti mismo. Por ejemplo: "Cada día, me siento mejor y mejor con mi alimentación", "No soy fumador", "Estoy controlando mi miedo / dolor" "Mi dolor / miedo es cada vez más pequeño". La oración debe ser positiva, simple, creíble, mensurable y tener una recompensa. También debería estar presente.

Una vez que hayas desarrollado cuál será tu oración. Dígale esa frase dos veces al día, 10 veces cada vez. Lo mejor es hacerlo por la mañana antes de su día, y al final de su día, pero si lo hizo en su automóvil también estaría bien. Cada vez que dices que la oración cuenta en tus dedos para que no pierdas la cuenta.

Hacer esto ayuda a establecer un patrón de hábitos. Hacer esto continuará reforzando lo que haces en la hipnosis y continuará reforzando los resultados positivos que deseas o estás recibiendo.

Paso 2: una vez al día, debes encontrar un lugar donde te puedas sentar y relajarte de 2 a 4 minutos.
1. Repita la oración que tiene para usted 3 veces.
2. Cuente hacia abajo de 3 a 1 respirando profundamente con cada conteo. Cuando inhalas, sosténlo por un momento. Cuando exhalas, sientes que estás completamente relajando tu cuerpo. Cuando llegas al 1, debes estar completamente relajado. Cada vez que lo haces te sentirás más y más relajado cada vez.
3. Cuente hacia abajo de 25 a 1 sintiéndose cada vez más relajado. Puede contar tan rápido como quiera, adentrándose cada vez más en la hipnosis con cada cuenta.
4. Cuando bajes a uno, déjate disfrutar lo relajado que te sientes.

5. Cuente una copia de seguridad de 1 a 3. ¡Y cuando llegue a 3 se sienta completamente despierto y renovado!

Debe realizar el Paso 2 durante aproximadamente 1 a 2 semanas antes de comenzar el paso 3. A partir de ese momento ya no tendrá que realizar el paso 2.

Paso 3: este paso es similar al paso 2. 1. Comenzarás tomando 3 grandes respiraciones profundas y sentirás que tu cuerpo se relaja completamente mientras exhalas. 2. Luego, en lugar de contar de 25 a 1, simplemente repite tu oración 3 veces. 3. Entonces imagínate actuando esta frase. También vea que recibe y experimenta las recompensas por hacer esto. Concéntrese en lo positivo que es para usted. 4. Cuente una copia de seguridad de 1 a 3. ¡Y cuando llegue a 3 se sienta completamente despierto y renovado! Debe hacer estos ejercicios hasta que sienta que está actuando inconscientemente la oración. Es importante continuar haciendo autohipnosis junto con sesiones de hipnosis para reforzar lo que se está haciendo en las sesiones.

Instrucciones de Self Hypnosis

Paso 1: justo antes de ir a la cama, y justo cuando te levantas, date la siguiente sugerencia: "Todos los días, en todos los sentidos, me vuelvo cada vez mejor".
Esta sugerencia debería ser la base, pero debes incorporar lo que sea que quieras cambiar sobre ti mismo. Por ejemplo: "Cada día, me siento mejor y mejor con mi alimentación", "No soy fumador", "Estoy controlando mi miedo / dolor" "Mi dolor / miedo es cada vez más pequeño". La oración debe ser positiva, simple, creíble, mensurable y tener una recompensa. También debería estar presente.

Una vez que hayas desarrollado cuál será tu oración. Dígale esa frase dos veces al día, 10 veces cada vez. Lo mejor es hacerlo por la mañana antes de su día, y al final de su día, pero si lo hizo en su automóvil también estaría bien. Cada vez

que dices que la oración cuenta en tus dedos para que no pierdas la cuenta.

Hacer esto ayuda a establecer un patrón de hábitos. Hacer esto continuará reforzando lo que haces en la hipnosis y continuará reforzando los resultados positivos que deseas o estás recibiendo.

Paso 2: una vez al día, debes encontrar un lugar donde te puedas sentar y relajarte de 2 a 4 minutos.
1. Repita la oración que tiene para usted 3 veces.
2. Cuente hacia abajo de 3 a 1 respirando profundamente con cada conteo. Cuando inhalas, sosténlo por un momento. Cuando exhalas, sientes que estás completamente relajando tu cuerpo. Cuando llegas al 1, debes estar completamente relajado. Cada vez que lo haces te sentirás más y más relajado cada vez.
3. Cuente hacia abajo de 25 a 1 sintiéndose cada vez más relajado. Puede contar tan rápido como quiera, adentrándose cada vez más en la hipnosis con cada cuenta.
4. Cuando bajes a uno, déjate disfrutar lo relajado que te sientes.
5. Cuente una copia de seguridad de 1 a 3. ¡Y cuando llegue a 3 se sienta completamente despierto y renovado!

Debe realizar el Paso 2 durante aproximadamente 1 a 2 semanas antes de comenzar el paso 3. A partir de ese momento ya no tendrá que realizar el paso 2.

Paso 3: este paso es similar al paso 2. 1. Comenzarás tomando 3 grandes respiraciones profundas y sentirás que tu cuerpo se relaja completamente mientras exhalas. 2. Luego, en lugar de contar de 25 a 1, simplemente repite tu oración 3 veces. 3. Entonces imagínate actuando esta frase. También vea que recibe y experimenta las recompensas por hacer esto. Concéntrese en lo positivo que es para usted. 4. Cuente una copia de seguridad de 1 a 3. ¡Y cuando llegue a 3 se sienta completamente despierto y renovado! Debe hacer estos ejercicios hasta que sienta que está actuando inconscientemente la oración. Es importante continuar haciendo autohipnosis junto con sesiones de hipnosis para reforzar lo que se está haciendo en las sesiones.

Instrucciones de Self Hypnosis

Paso 1: justo antes de ir a la cama, y justo cuando te levantas, date la siguiente sugerencia: "Todos los días, en todos los sentidos, me vuelvo cada vez mejor".
Esta sugerencia debería ser la base, pero debes incorporar lo que sea que quieras cambiar sobre ti mismo. Por ejemplo: "Cada día, me siento mejor y mejor con mi alimentación", "No soy fumador", "Estoy controlando mi miedo / dolor" "Mi dolor / miedo es cada vez más pequeño". La oración debe ser positiva, simple, creíble, mensurable y tener una recompensa. También debería estar presente.

Una vez que hayas desarrollado cuál será tu oración. Dígale esa frase dos veces al día, 10 veces cada vez. Lo mejor es hacerlo por la mañana antes de su día, y al final de su día, pero si lo hizo en su automóvil también estaría bien. Cada vez que dices que la oración cuenta en tus dedos para que no pierdas la cuenta.

Hacer esto ayuda a establecer un patrón de hábitos. Hacer esto continuará reforzando lo que haces en la hipnosis y continuará reforzando los resultados positivos que deseas o estás recibiendo.

Paso 2: una vez al día, debes encontrar un lugar donde te puedas sentar y relajarte de 2 a 4 minutos.

1. Repita la oración que tiene para usted 3 veces.

2. Cuente hacia abajo de 3 a 1 respirando profundamente con cada conteo. Cuando inhalas, sosténlo por un momento. Cuando exhalas, sientes que estás completamente relajando tu cuerpo. Cuando llegas al 1, debes estar completamente relajado. Cada vez que lo haces te sentirás más y más relajado cada vez.

3. Cuente hacia abajo de 25 a 1 sintiéndose cada vez más relajado. Puede contar tan rápido como quiera, adentrándose cada vez más en la hipnosis con cada cuenta.

4. Cuando bajes a uno, déjate disfrutar lo relajado que te sientes.

5. Cuente una copia de seguridad de 1 a 3. ¡Y cuando llegue a 3 se sienta completamente despierto y renovado!

Debe realizar el Paso 2 durante aproximadamente 1 a 2 semanas antes de comenzar el paso 3. A partir de ese momento ya no tendrá que realizar el paso 2.

Paso 3: este paso es similar al paso 2. 1. Comenzarás tomando 3 grandes respiraciones profundas y sentirás que tu cuerpo se relaja completamente mientras exhalas. 2. Luego, en lugar de contar de 25 a 1, simplemente repite tu oración 3 veces. 3. Entonces imagínate actuando esta frase. También vea que recibe y experimenta las recompensas por hacer esto. Concéntrese en lo positivo que es para usted. 4. Cuente una copia de seguridad de 1 a 3. ¡Y cuando llegue a 3 se sienta completamente despierto y renovado! Debe hacer estos ejercicios hasta que sienta que está actuando inconscientemente la oración. Es importante continuar haciendo autohipnosis junto con sesiones de hipnosis para reforzar lo que se está haciendo en las sesiones.

Instrucciones de Self Hypnosis

Paso 1: justo antes de ir a la cama, y justo cuando te levantas, date la siguiente sugerencia: "Todos los días, en todos los sentidos, me vuelvo cada vez mejor".
Esta sugerencia debería ser la base, pero debes incorporar lo que sea que quieras cambiar sobre ti mismo. Por ejemplo: "Cada día, me siento mejor y mejor con mi alimentación", "No soy fumador", "Estoy controlando mi miedo / dolor" "Mi dolor / miedo es cada vez más pequeño". La oración debe ser positiva, simple, creíble, mensurable y tener una recompensa. También debería estar presente.

Una vez que hayas desarrollado cuál será tu oración. Dígale esa frase dos veces al día, 10 veces cada vez. Lo mejor es hacerlo por la mañana antes de su día, y al final de su día, pero si lo hizo en su automóvil también estaría bien. Cada vez que dices que la oración cuenta en tus dedos para que no pierdas la cuenta.

Hacer esto ayuda a establecer un patrón de hábitos. Hacer esto continuará reforzando lo que haces en la hipnosis y continuará reforzando los resultados positivos que deseas o estás recibiendo.

Paso 2: una vez al día, debes encontrar un lugar donde te puedas sentar y relajarte de 2 a 4 minutos.
1. Repita la oración que tiene para usted 3 veces.
2. Cuente hacia abajo de 3 a 1 respirando profundamente con cada conteo. Cuando inhalas, sosténlo por un momento. Cuando exhalas, sientes que estás completamente relajando tu cuerpo. Cuando llegas al 1, debes estar completamente relajado. Cada vez que lo haces te sentirás más y más relajado cada vez.
3. Cuente hacia abajo de 25 a 1 sintiéndose cada vez más relajado. Puede contar tan rápido como quiera, adentrándose cada vez más en la hipnosis con cada cuenta.
4. Cuando bajes a uno, déjate disfrutar lo relajado que te sientes.
5. Cuente una copia de seguridad de 1 a 3. ¡Y cuando llegue a 3 se sienta completamente despierto y renovado!

Debe realizar el Paso 2 durante aproximadamente 1 a 2 semanas antes de comenzar el paso 3. A partir de ese momento ya no tendrá que realizar el paso 2.

Paso 3: este paso es similar al paso 2. 1. Comenzarás tomando 3 grandes respiraciones profundas y sentirás que tu cuerpo se relaja completamente mientras exhalas. 2. Luego, en lugar de contar de 25 a 1, simplemente repite tu oración 3 veces. 3. Entonces imagínate actuando esta frase. También vea que recibe y experimenta las recompensas por hacer esto. Concéntrese en lo positivo que es para usted. 4. Cuente una copia de seguridad de 1 a 3. ¡Y cuando llegue a 3 se sienta completamente despierto y renovado! Debe hacer estos ejercicios hasta que sienta que está actuando inconscientemente la oración. Es importante continuar haciendo autohipnosis junto con sesiones de hipnosis para reforzar lo que se está haciendo en las sesiones.

Instrucciones de Self Hypnosis

Paso 1: justo antes de ir a la cama, y justo cuando te levantas, date la siguiente sugerencia: "Todos los días, en todos los sentidos, me vuelvo cada vez mejor".
Esta sugerencia debería ser la base, pero debes incorporar lo que sea que quieras cambiar sobre ti mismo. Por ejemplo: "Cada día, me siento mejor y mejor con mi alimentación", "No soy fumador", "Estoy controlando mi miedo / dolor" "Mi dolor / miedo es cada vez más pequeño". La oración debe ser positiva, simple, creíble, mensurable y tener una recompensa. También debería estar presente.

Una vez que hayas desarrollado cuál será tu oración. Dígale esa frase dos veces al día, 10 veces cada vez. Lo mejor es hacerlo por la mañana antes de su día, y al final de su día, pero si lo hizo en su automóvil también estaría bien. Cada vez que dices que la oración cuenta en tus dedos para que no pierdas la cuenta.

Hacer esto ayuda a establecer un patrón de hábitos. Hacer esto continuará reforzando lo que haces en la hipnosis y continuará reforzando los resultados positivos que deseas o estás recibiendo.

Paso 2: una vez al día, debes encontrar un lugar donde te puedas sentar y relajarte de 2 a 4 minutos.
1. Repita la oración que tiene para usted 3 veces.
2. Cuente hacia abajo de 3 a 1 respirando profundamente con cada conteo. Cuando inhalas, sosténlo por un momento. Cuando exhalas, sientes que estás completamente relajando tu cuerpo. Cuando llegas al 1, debes estar completamente relajado. Cada vez que lo haces te sentirás más y más relajado cada vez.
3. Cuente hacia abajo de 25 a 1 sintiéndose cada vez más relajado. Puede contar tan rápido como quiera, adentrándose cada vez más en la hipnosis con cada cuenta.
4. Cuando bajes a uno, déjate disfrutar lo relajado que te sientes.
5. Cuente una copia de seguridad de 1 a 3. ¡Y cuando llegue a 3 se sienta completamente despierto y renovado!

Debe realizar el Paso 2 durante aproximadamente 1 a 2 semanas antes de comenzar el paso 3. A partir de ese momento ya no tendrá que realizar el paso 2.

Paso 3: este paso es similar al paso 2. 1. Comenzarás tomando 3 grandes respiraciones profundas y sentirás que tu cuerpo se relaja completamente mientras exhalas. 2. Luego, en lugar de contar de 25 a 1, simplemente repite tu oración 3 veces. 3. Entonces imagínate actuando esta frase. También vea que recibe y experimenta las recompensas por hacer esto. Concéntrese en lo positivo que es para usted. 4. Cuente una copia de seguridad de 1 a 3. ¡Y cuando llegue a 3 se sienta completamente despierto y renovado! Debe hacer estos ejercicios hasta que sienta que está actuando inconscientemente la oración. Es importante continuar haciendo autohipnosis junto con sesiones de hipnosis para reforzar lo que se está haciendo en las sesiones.

Instrucciones de Self Hypnosis

Paso 1: justo antes de ir a la cama, y justo cuando te levantas, date la siguiente sugerencia: "Todos los días, en todos los sentidos, me vuelvo cada vez mejor".
Esta sugerencia debería ser la base, pero debes incorporar lo que sea que quieras cambiar sobre ti mismo. Por ejemplo: "Cada día, me siento mejor y mejor con mi alimentación", "No soy fumador", "Estoy controlando mi miedo / dolor" "Mi dolor / miedo es cada vez más pequeño". La oración debe ser positiva, simple, creíble, mensurable y tener una recompensa. También debería estar presente.

Una vez que hayas desarrollado cuál será tu oración. Dígale esa frase dos veces al día, 10 veces cada vez. Lo mejor es hacerlo por la mañana antes de su día, y al final de su día, pero si lo hizo en su automóvil también estaría bien. Cada vez que dices que la oración cuenta en tus dedos para que no pierdas la cuenta.

Hacer esto ayuda a establecer un patrón de hábitos. Hacer esto continuará reforzando lo que haces en la hipnosis y continuará reforzando los resultados positivos que deseas o estás recibiendo.

Paso 2: una vez al día, debes encontrar un lugar donde te puedas sentar y relajarte de 2 a 4 minutos.
1. Repita la oración que tiene para usted 3 veces.
2. Cuente hacia abajo de 3 a 1 respirando profundamente con cada conteo. Cuando inhalas, sosténlo por un momento. Cuando exhalas, sientes que estás completamente relajando tu cuerpo. Cuando llegas al 1, debes estar completamente relajado. Cada vez que lo haces te sentirás más y más relajado cada vez.
3. Cuente hacia abajo de 25 a 1 sintiéndose cada vez más relajado. Puede contar tan rápido como quiera, adentrándose cada vez más en la hipnosis con cada cuenta.
4. Cuando bajes a uno, déjate disfrutar lo relajado que te sientes.

5. Cuente una copia de seguridad de 1 a 3. ¡Y cuando llegue a 3 se sienta completamente despierto y renovado!

Debe realizar el Paso 2 durante aproximadamente 1 a 2 semanas antes de comenzar el paso 3. A partir de ese momento ya no tendrá que realizar el paso 2.

Paso 3: este paso es similar al paso 2. 1. Comenzarás tomando 3 grandes respiraciones profundas y sentirás que tu cuerpo se relaja completamente mientras exhalas. 2. Luego, en lugar de contar de 25 a 1, simplemente repite tu oración 3 veces. 3. Entonces imagínate actuando esta frase. También vea que recibe y experimenta las recompensas por hacer esto. Concéntrese en lo positivo que es para usted. 4. Cuente una copia de seguridad de 1 a 3. ¡Y cuando llegue a 3 se sienta completamente despierto y renovado! Debe hacer estos ejercicios hasta que sienta que está actuando inconscientemente la oración. Es importante continuar haciendo autohipnosis junto con sesiones de hipnosis para reforzar lo que se está haciendo en las sesiones.

Instrucciones de Self Hypnosis

Paso 1: justo antes de ir a la cama, y justo cuando te levantas, date la siguiente sugerencia: "Todos los días, en todos los sentidos, me vuelvo cada vez mejor".
Esta sugerencia debería ser la base, pero debes incorporar lo que sea que quieras cambiar sobre ti mismo. Por ejemplo: "Cada día, me siento mejor y mejor con mi alimentación", "No soy fumador", "Estoy controlando mi miedo / dolor" "Mi dolor / miedo es cada vez más pequeño". La oración debe ser positiva, simple, creíble, mensurable y tener una recompensa. También debería estar presente.

Una vez que hayas desarrollado cuál será tu oración. Dígale esa frase dos veces al día, 10 veces cada vez. Lo mejor es hacerlo por la mañana antes de su día, y al final de su día, pero si lo hizo en su automóvil también estaría bien. Cada vez

que dices que la oración cuenta en tus dedos para que no pierdas la cuenta.

Hacer esto ayuda a establecer un patrón de hábitos. Hacer esto continuará reforzando lo que haces en la hipnosis y continuará reforzando los resultados positivos que deseas o estás recibiendo.

Paso 2: una vez al día, debes encontrar un lugar donde te puedas sentar y relajarte de 2 a 4 minutos.
1. Repita la oración que tiene para usted 3 veces.
2. Cuente hacia abajo de 3 a 1 respirando profundamente con cada conteo. Cuando inhalas, sosténlo por un momento. Cuando exhalas, sientes que estás completamente relajando tu cuerpo. Cuando llegas al 1, debes estar completamente relajado. Cada vez que lo haces te sentirás más y más relajado cada vez.
3. Cuente hacia abajo de 25 a 1 sintiéndose cada vez más relajado. Puede contar tan rápido como quiera, adentrándose cada vez más en la hipnosis con cada cuenta.
4. Cuando bajes a uno, déjate disfrutar lo relajado que te sientes.
5. Cuente una copia de seguridad de 1 a 3. ¡Y cuando llegue a 3 se sienta completamente despierto y renovado!

Debe realizar el Paso 2 durante aproximadamente 1 a 2 semanas antes de comenzar el paso 3. A partir de ese momento ya no tendrá que realizar el paso 2.

Paso 3: este paso es similar al paso 2. 1. Comenzarás tomando 3 grandes respiraciones profundas y sentirás que tu cuerpo se relaja completamente mientras exhalas. 2. Luego, en lugar de contar de 25 a 1, simplemente repite tu oración 3 veces. 3. Entonces imagínate actuando esta frase. También vea que recibe y experimenta las recompensas por hacer esto. Concéntrese en lo positivo que es para usted. 4. Cuente una copia de seguridad de 1 a 3. ¡Y cuando llegue a 3 se sienta completamente despierto y renovado! Debe hacer estos ejercicios hasta que sienta que está actuando inconscientemente la oración. Es importante continuar haciendo autohipnosis junto con sesiones de hipnosis para reforzar lo que se está haciendo en las sesiones.

Instrucciones de Self Hypnosis

Paso 1: justo antes de ir a la cama, y justo cuando te levantas, date la siguiente sugerencia: "Todos los días, en todos los sentidos, me vuelvo cada vez mejor".
Esta sugerencia debería ser la base, pero debes incorporar lo que sea que quieras cambiar sobre ti mismo. Por ejemplo: "Cada día, me siento mejor y mejor con mi alimentación", "No soy fumador", "Estoy controlando mi miedo / dolor" "Mi dolor / miedo es cada vez más pequeño". La oración debe ser positiva, simple, creíble, mensurable y tener una recompensa. También debería estar presente.

Una vez que hayas desarrollado cuál será tu oración. Dígale esa frase dos veces al día, 10 veces cada vez. Lo mejor es hacerlo por la mañana antes de su día, y al final de su día, pero si lo hizo en su automóvil también estaría bien. Cada vez que dices que la oración cuenta en tus dedos para que no pierdas la cuenta.

Hacer esto ayuda a establecer un patrón de hábitos. Hacer esto continuará reforzando lo que haces en la hipnosis y continuará reforzando los resultados positivos que deseas o estás recibiendo.

Paso 2: una vez al día, debes encontrar un lugar donde te puedas sentar y relajarte de 2 a 4 minutos.

1. Repita la oración que tiene para usted 3 veces.

2. Cuente hacia abajo de 3 a 1 respirando profundamente con cada conteo. Cuando inhalas, sosténlo por un momento. Cuando exhalas, sientes que estás completamente relajando tu cuerpo. Cuando llegas al 1, debes estar completamente relajado. Cada vez que lo haces te sentirás más y más relajado cada vez.

3. Cuente hacia abajo de 25 a 1 sintiéndose cada vez más relajado. Puede contar tan rápido como quiera, adentrándose cada vez más en la hipnosis con cada cuenta.

4. Cuando bajes a uno, déjate disfrutar lo relajado que te sientes.

5. Cuente una copia de seguridad de 1 a 3. ¡Y cuando llegue a 3 se sienta completamente despierto y renovado!

Debe realizar el Paso 2 durante aproximadamente 1 a 2 semanas antes de comenzar el paso 3. A partir de ese momento ya no tendrá que realizar el paso 2.

Paso 3: este paso es similar al paso 2. 1. Comenzarás tomando 3 grandes respiraciones profundas y sentirás que tu cuerpo se relaja completamente mientras exhalas. 2. Luego, en lugar de contar de 25 a 1, simplemente repite tu oración 3 veces. 3. Entonces imagínate actuando esta frase. También vea que recibe y experimenta las recompensas por hacer esto. Concéntrese en lo positivo que es para usted. 4. Cuente una copia de seguridad de 1 a 3. ¡Y cuando llegue a 3 se sienta completamente despierto y renovado! Debe hacer estos ejercicios hasta que sienta que está actuando inconscientemente la oración. Es importante continuar haciendo autohipnosis junto con sesiones de hipnosis para reforzar lo que se está haciendo en las sesiones.

11725241R00023

Printed in Germany
by Amazon Distribution
GmbH, Leipzig